Couverture inférieure manquante

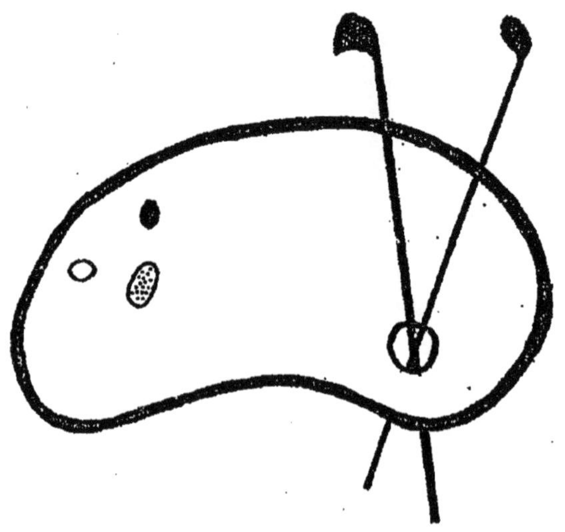

DEBUT D'UNE SERIE DE DOCUMENTS
EN COULEUR

SCIENCE ET RELIGION
Études pour le temps présent

34

LA

RELIGION SPIRITE

SON DOGME, SA MORALE ET SES PRATIQUES

PAR

L. BERTRAND

PARIS
LIBRAIRIE BLOUD ET BARRAL
4, RUE MADAME, ET RUE DE RENNES, 59
1898

SCIENCE ET RELIGION

Études pour le temps présent

Collection de vol. in-12 de 64 pages *compactes.*

Prix : **0** fr. **60** le vol.

Les lecteurs curieux de grandes vérités de la foi déploraient l'absence de vulgarisation de science religieuse. **LES ÉTUDES POUR LE TEMPS PRÉSENT** répondent donc à un désir et comblent une lacune. Ainsi en ont jugé unanimement les Revues et les journaux les plus importants de la presse catholique. De ces nombreux et si flatteurs témoignages nous ne citerons que le suivant, extrait du journal *l'Univers*, dû à la plume d'un juge des plus compétents, M. Louis Robert :

« Aujourd'hui, en notre siècle de vapeur, d'électricité, on veut savoir « tout et lire peu, toute la vie est pleine et fiévreuse ! C'est ce qui explique « la vogue de la Revue et du Journal. Cependant ces deux organes de la « pensée moderne sont insuffisants pour embrasser une question dans la « complexité de ses aspects. Le livre est toujours nécessaire ; mais nous « pensons, à part les moines et le clergé des campagnes, que le respectable « in-4° et le majestueux in-folio ont fait leur temps pour le grand public. « Il fallait donc condenser en un volume de poche les questions qui tour- « mentent l'âme contemporaine. C'est ce que certains éditeurs ont très « heureusement compris, notamment MM. Bloud et Barral, dont les édi- « tions ont déjà tant rendu de services signalés à la cause religieuse.

« Sous le titre de *Science et Religion*, collection de volumes in-12 de « 64 p. compactes, ils ont entrepris, avec un plein succès, de démontrer « par des plumes des plus autorisées « *l'accord entre les résultats de la « science moderne et les affirmations de la foi.* » Chaque sujet est trai- « té, non plus d'après la méthode apologétique, qui actuellement est sus- « pecte aux incrédules, même aux indifférents. C'est avec la plus rigoureuse « méthode scientifique — mais mise à la portée de tous les esprits quelque « peu cultivés — que sont exposées les *Nouvelles Études philosophiques, « scientifiques et religieuses* de cette opportune et très intéressante col- « lection.

« Le nom de l'auteur de chacune d'elles est une recommandation. »

(Journal *l'Univers.*)

Voici une seconde liste des ouvrages parus ou à paraître incessamment :

— **L'Apologétique historique au XIXe siècle. — La Critique irréligieuse de Renan.** (*Les précurseurs — La vie de Jésus — Les adversaires — Les résultats*) par l'abbé Ch. Denis, directeur des *Annales de philosophie chrétienne.* 1 vol.

— **Nature et Histoire de la liberté de conscience,** par M. l'abbé Canet, docteur en philosophie et ès-lettres de l'Université de Louvain, ancien professeur de théologie dogmatique au grand séminaire de Lyon. 1 vol.

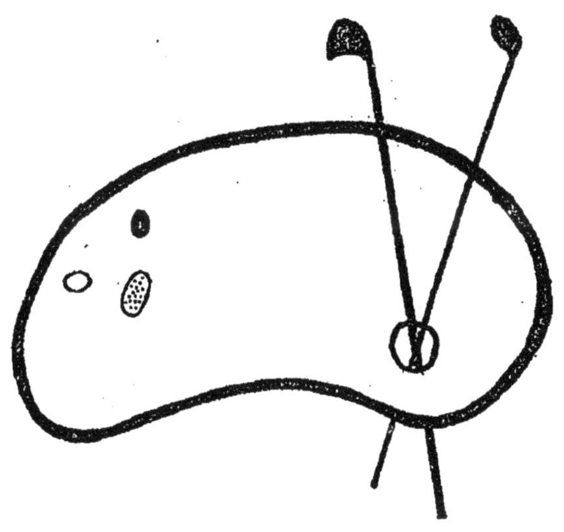

FIN D'UNE SERIE DE DOCUMENTS
EN COULEUR

SCIENCE ET RELIGION
Études pour le temps présent

LA

RELIGION SPIRITE

SON DOGME, SA MORALE ET SES PRATIQUES

PAR

I. BERTRAND

INTRODUCTION.

Allan-Kardec, le patriarche du Spiritisme, n'a pas voulu faire, ou n'a fait qu'en passant, une étude scientifique des manifestations spirites.

Son but, il l'avoue à diverses reprises, a été de fonder une religion nouvelle, appelée, non à détruire, mais à expliquer et à compléter la religion chrétienne.

Nous nous sommes borné, dans cette brochure, à examiner, aussi brièvement que possible, le système religieux du novateur et à en montrer les contradictions, les incohérences et les dangers.

Ces contradictions et ces incohérences, trop nombreuses pour que nous ayons pu les signaler toutes, se dissimulent d'ordinaire dans une phraséologie où le vrai et le faux se coudoient, se mêlent, s'enchevêtrent de la façon la plus insidieuse.

Cet opuscule ne s'adresse pas à ceux qui font du Spiritisme le sujet d'une étude purement scientifique. Sceptiques pour la plupart, ils négligent le côté religieux de la question.

Nous avons eu en vue, en écrivant, ces millions de spirites qui font leur Evangile du *Livre des Esprits*, sans cesser pour cela de se croire catholiques, et meilleurs catholiques, vraiment, que les simples d'esprit, qui, comme vous et moi, préfèrent les enseignements de l'Eglise aux communications plus que suspectes des invisibles.

I.

DÉBUTS DU SPIRITISME CONTEMPORAIN.

En 1847, des bruits insolites mirent en émoi les paisibles habitants de Hydesville, petit village de l'Etat de New-York, non sans avoir troublé le repos de la famille Fox.

Après de nombreuses recherches pour en découvrir l'auteur, les sceptiques eux-mêmes furent obligés de reconnaître que ces manifestations étaient l'œuvre, non d'un mauvais plaisant, mais d'un agent mystérieux qui semblait éprouver le besoin d'entrer en relations suivies avec ceux qu'il visitait.

M. Fox avait deux filles.

La plus jeune, moins timide ou moins impressionnable que sa sœur, ne tarda pas à se familiariser avec l'invisible, si bien qu'un jour elle lui dit : « Fais comme moi », et elle frappa un certain nombre de coups avec ses mains. L'invisible obéit.

Madame Fox le pria, à son tour, de frapper jusqu'à dix. Dix coups furent frappés.

On le questionna sur l'âge des enfants. Il répondit d'une manière exacte.

On lui demanda alors : « Etes-vous un homme ou une femme ? » Il garda le silence.

A cette autre question : « Etes-vous un esprit ? » il fit une réponse affirmative.

Curieuse de sa nature, la famille Fox voulut savoir à quel esprit elle avait affaire.

L'invisible lui apprit qu'il se nommait Joseph Ryan et qu'il était colporteur de son métier, au temps de sa vie mortelle.

La glace était rompue.

Joseph Ryan en profita pour engager la famille Fox à quitter Hydesville et à donner des séances publiques afin de prouver aux incroyants l'existence des Esprits.

Monsieur et madame Fox, se conformant au conseil de leur ami, allèrent se fixer à Rochester, où ils n'hésitèrent pas, écrit M. Gabriel Delanne, d'affronter le fanatisme protestant (1).

Les révérends ministres leur signifièrent, en effet, de renoncer à des pratiques qu'ils jugeaient condamnables.

La famille Fox refusa de se soumettre.

On la frappa d'excommunication.

Les censures n'ayant produit aucun effet, les ministres du saint Evangile supplèèrent à leur insuffisance, en ameutant contre les excommuniés, la populace de Rochester.

Ces derniers offrirent alors de faire publiquement la preuve des manifestations dont ils étaient favorisés.

Un ami de la famille se chargea d'exposer, dans une réunion organisée *ad hoc*, la nature du phénomène, ses caractères et sa marche progressive.

Le conférencier fut conspué.

L'assemblée réussit néanmoins, à nommer une commission chargée d'examiner l'affaire.

Au grand étonnement du public, les commissaires, gens avisés et peu disposés à se laisser duper, décla-

(1) Gabriel Delanne, *Le Phénomène spirite.*

rèrent qu'ils n'avaient découvert aucune fraude.

A cette commission en succéda une seconde, puis une troisième, avec mission de poursuivre l'enquête.

Les nouveaux commissaires prirent les précautions les plus minutieuses. On alla jusqu'à déshabiller les médiums, afin de s'assurer qu'elles ne cachaient aucun appareil sous leurs vêtements.

Toujours même insuccès.

D'incrédules qu'ils étaient, au début de leurs investigations, les enquêteurs finirent par avouer qu'ils n'avaient plus aucun doute sur la réalité des faits.

La foule exaspérée voulait lyncher commissaires et médiums.

Les demoiselles Fox n'échappèrent à la mort que grâce au sang-froid et au dévouement d'un quaker nommé Georges Villets qui leur fit un rempart de son corps.

Voilà, en deux mots, quels furent les débuts du Spiritisme contemporain.

Ce qui avait d'abord scandalisé les protestants et provoqué les foudres spirituelles des Révérends Ministres devint une mode aux États-Unis.

Le nombre des médiums alla se multipliant chaque jour davantage.

Les coups, frappés jusque-là dans les murs et les parquets, se firent entendre dans les meubles. Les tables autour desquelles opéraient les évocateurs devinrent plus spécialement le siège de ces manifestations.

Les guéridons se livraient, tantôt spontanément, tantôt sur le désir qu'en exprimaient les personnes présentes, aux mouvements les plus bizarres.

Les coups frappés par les pieds de la table pythonisée, correspondant, par suite d'un accord avec les Esprits, à une lettre de l'alphabet, on put s'entretenir avec les invisibles, leur poser des questions et en obtenir des réponses.

Le procédé, toutefois, n'était pas expéditif.

Les Esprits en indiquèrent un autre. — On adapta à une planchette triangulaire trois pieds munis de roulettes, et l'on attacha un crayon à l'un de ces pieds.

Cela fait, on plaçait l'appareil sur une feuille de papier blanc, le médium posait la main ou simplement le doigt sur le milieu du trépied magique, et le crayon traçait des caractères, répondait aux questions qu'on lui adressait, écrivait des sentences, des pièces de vers, dont quelques-unes d'un vrai mérite, exécutait des dessins qu'auraient signés des artistes de talent, etc.

Plus tard, sur le conseil des invisibles, on mit la planchette de côté. Le médium, armé d'un crayon, écrivait d'une manière automatique ce que l'Esprit lui faisait écrire, parfois dans une langue qu'il ignorait.

On alla plus loin encore.

On pria les mystérieux visiteurs de se rendre visibles et tangibles.

Des fantômes apparurent alors. On put non seulement les voir, mais s'entretenir avec eux et les toucher.

Nous sommes forcés de résumer la question, l'espace dont nous disposons ne nous permettant pas d'entrer dans de plus longs détails.

Les Ministres protestants, qui avaient d'abord fulminé contre le Spiritisme, en devinrent les propagateurs infatigables.

Le bruit que faisaient de l'autre côté de l'Océan les phénomènes dont nous parlons, et que l'on avait pris, au début, pour des canards éclos sur les bords de l'Ohio, finit par avoir son écho en France.

On n'a pas oublié qu'en 1851 et 1852, il ne fut question chez nous que de tables tournantes, en dépit des événements politiques.

On les interrogeait, on leur posait les questions les plus futiles et parfois aussi les plus imprudentes.

Le charlatanisme s'empara des manifestations spirites dans un but de spéculation malsaine, comme il l'avait fait de l'hypnotisme.

Mais il ne faudrait pas en conclure, à l'exemple de certains critiques chez lesquels le parti pris tient lieu de raisonnements, que le Spiritisme est le fait de cerveaux hallucinés ou d'habiles jongleurs.

II.

LA RELIGION SPIRITE.

En 1857, le Spiritisme donna naissance à une nouvelle secte religieuse.

Son fondateur, Allan-Kardec, de son vrai nom Léon-Hippolyte-Denizart Rivail, naquit à Lyon d'une famille catholique, le 4 octobre 1804, et fit ses études en Suisse, à l'École protestante de Pestalozzi.

Allan-Kardec a écrit de nombreux ouvrages dont quelques-uns ne sont pas sans mérite.

Ceux qu'il a publiés sur le Spiritisme se font remarquer par un mélange à doses inégales de rêveries mystiques, d'erreurs doctrinales empruntées à la Réforme et d'idées catholiques.

Pendant de longues années, son idéal religieux fut *l'unification* des croyances.

Le Spiritisme, dont il entendit parler pour la première fois en 1854, lui apparut comme le moyen d'atteindre le but qu'il poursuivait.

Il assista successivement aux expériences qui avaient lieu chez une somnambule, madame Roger, et chez madame de Plainemaison, rue Grange-Batelière, nº 18.

« Ce fut là, écrit-il dans ses *Œuvres Posthumes*, « que je fus témoin du phénomène des tables tour- « nantes, sautantes et courantes, et cela dans des con- « ditions telles que le doute n'était pas possible. J'y « vis aussi quelques essais, très imparfaits, d'écri- « ture médianimique sur une ardoise à l'aide d'une « corbeille. Mes idées étaient loin d'être arrêtées, « mais il y avait là un fait qui devait avoir une

« cause. J'entrevis sous ces futilités apparentes et « l'espèce de jeu que l'on se faisait de ces phéno-« mènes, quelque chose de sérieux, et comme la « révélation d'une nouvelle loi que je me promis « d'approfondir (1). »

Allan-Kardec fit connaissance, chez madame de Plainemaison, dè la famille Baudin qui demeurait alors rue Rochechouart. Monsieur Baudin, l'engagea à assister aux séances hebdomadaires, qui avaient lieu chez lui.

L'invitation fut acceptée avec empressement.

Il entra là en relation avec un Esprit qui se donnait le nom poétique de Zéphir, esprit *excellent*, quoique un peu léger, — un Zéphir, cela devait être — *spirituel*, *satirique*, mais donnant au besoin *de sages conseils*.

C'était un début.

« Un soir, raconte-t-il, étant dans mon cabinet à « travailler, des petits coups réitérés se firent en-« tendre contre la cloison qui me séparait de la « pièce voisine. Je n'y prêtai d'abord aucune atten-« tion; mais comme ces coups persistaient avec plus « de force, en changeant de place, je fis une explo-« ration minutieuse des deux côtés de la cloison; « j'écoutai s'ils provenaient d'un autre étage et ne « découvris rien. Ce qu'il y avait de particulier, « c'est que chaque fois que je faisais des recherches, « le bruit cessait, et recommençait aussitôt que je « me remettais à travailler. Ma femme entra vers « dix heures; elle vint dans mon cabinet, et enten-

(1) Allan-Kardec, *Œuvres Posthumes*, pp. 303 et 304.

« dant ces coups, me demanda ce que c'était. Je « n'en sais rien, lui dis-je, voilà une heure que « cela dure. Nous cherchâmes ensemble sans plus de « succès, et le bruit continua jusqu'à minuit, heure « à laquelle j'allai me coucher (1). »

Le lendemain, il fut révélé à Allan-Kardec que les coups qu'il avait entendus la veille étaient frappés par son Esprit familier mécontent de ce qu'il écrivait.

Prié de dire qui il était, l'invisible répondit à son protégé : « Pour toi, je m'appellerai *La Vérité* et, « tous les mois, ici (chez M. Baudin), pendant un « quart d'heure, je serai à ta disposition. »

La Vérité lui promit de l'assister *par la pensée* dans tous ses travaux. Cette assistance devenait pour lui une garantie d'infaillibilité.

Le 30 avril 1856, dans une séance intime qui eut lieu chez un M. Roustan, Allan-Kardec reçut la première révélation de sa mission. Sept à huit personnes, raconte-t-il, étaient présentes à la réunion. On discutait sur les événements qui pouvaient amener une transformation sociale, « lorsque le médium, « saisissant la corbeille, écrivit spontanément ce qui « suit (2) :

« Quand le bourdon sonnera, vous le laisserez (?); « seulement vous soulagerez votre semblable; individuellement vous le magnétiserez afin de le « guérir. Puis, chacun a son poste préparé, car il

(1) Ibid. p. 310.

(2) Dans certaines réunions, on remplaçait la planchette à trois pieds par une sorte de corbeille à laquelle on adaptait un crayon.

« faudra de tout, puisque tout sera détruit, surtout « pour un instant » (charabia et coq-à-l'âne ; *La Vérité*, décidément, n'est pas toujours limpide ; c'est à faire douter de la valeur de son assistance).

« Il n'y aura plus de religion, et il en faudra une, « mais vraie, grande, belle et digne du Créateur. » (Il paraît que jusqu'ici le catholicisme n'a eu aucune de ces qualités). L'Esprit poursuit : « Les premiers « fondements en sont déjà posés. TOI, RIVAIL, TA « MISSION EST LA. » Allan-Kardec ajoute entre paren- « thèse : « Libre, la corbeille se retourna vivement « de mon côté, comme l'aurait fait une personne qui « m'aurait désigné du doigt. »

Complétant sa pensée, l'Esprit ajoute : « A toi, « M...., l'épée qui ne blesse pas, mais qui tue. Contre « tout ce qui est, c'est toi qui viendras le premier. « Lui, Rivail, viendra le second : *c'est l'ouvrier qui « reconstruit ce qui a été démoli* (1). »

M....., nous apprend Allan-Kardec, était un radical très ardent, *mais homme doux et inoffensif*, deux idées qui hurlent de se trouver ensemble. L'Esprit déclara, le douze mai suivant, qu'il avait voulu personnifier en M..... le parti qu'il représentait.

« Ce fut, fait observer négligemment Allan-Kardec, « la première révélation positive sur ma mission (2). »

A partir de ce moment, le nouveau prophète vit dans une sorte d'intimité avec les Esprits. Il travaille à son livre (3) avec une ardeur infatigable,

(1) *Œuvres Posthumes*, p. 314.
(2) Ibid.
(3) *Le Livre des Esprits*.

le revoit, le retouche, fait les corrections que lui indiquent ses mystérieux conseillers.

Enfin, le 11 septembre 1856, il donne lecture, chez M. Baudin, de quelques chapitres concernant les lois morales.

Les Esprits, par l'intermédiaire du médium, déclarent que tout est pour le mieux dans l'œuvre de l'auteur.

« Tu as bien compris, lui disent-ils, le but de ton « travail ; le plan en est bien conçu, nous sommes « contents de toi. Continue ; mais surtout, quand « l'ouvrage sera terminé, rappelle-toi que nous te « recommandons de le faire imprimer et de le pro- « pager. C'est d'une utilité générale. Nous sommes « satisfaits, et ne te quitterons jamais. Crois en Dieu, « et marche (1). »

En approuvant l'ouvrage d'Allan-Kardec, les Esprits s'approuvaient eux-mêmes. N'avaient-ils pas été les collaborateurs de l'écrivain ?

Lisez plutôt :

« Occupe-toi avec zèle et persévérance, lui recom- « mandaient-ils, du travail que tu as entrepris avec « notre concours, *car ce travail est le nôtre*. Nous y « avons posé les bases du nouvel édifice qui s'élève « et doit un jour réunir tous les hommes dans un « même sentiment d'amour et de charité ; mais « avant de le répandre, *nous le reverrons ensemble*, « *afin d'en contrôler tous les détails* (2). »

Cette déclaration est signée de saint Jean l'Evan-

(1) *Œuvres Posthumes*. p. 326.

(2) *Le Livre des Esprits*, prolégomènes p. XLI.

géliste, de saint Augustin, de saint Vincent de Paul, de saint Louis, de *La Vérité*, de Socrate, de Platon, de Fénelon, de Franklin, de Swendenborg, etc.

Autant de personnages que le lecteur est étonné de voir réunis. Saint Vincent de Paul collaborant avec Franklin, saint Louis avec Swendenborg, Socrate avec saint Augustin ! Le spectacle n'est pas banal.

« Ce livre, fait observer l'auteur, ou plutôt le « secrétaire de ces illustres défunts, est le recueil de « leurs enseignements ; il a été écrit par *l'ordre et « sous la dictée* d'Esprits supérieurs, pour établir « les fondements d'une philosophie rationnelle, « dégagée des préjugés de l'esprit de système. Il ne « renferme rien qui ne soit l'expression de leur « pensée et qui n'ait subi leur contrôle (1). »

Allan-Kardec a consigné dans ses livres les élucubrations que des morts célèbres ont jugé à propos de lui confier pour l'instruction de ses lecteurs. Ces articles ne révèlent pas des talents de premier ordre. — Saint Augustin — quelle chute, grand Dieu ! — n'est plus qu'un penseur vulgaire. Fénelon serait incapable aujourd'hui d'écrire le *Télémaque*. Chateaubriand ne rappelle que de loin — si même il le rappelle — l'auteur des *Martyrs* et du *Génie du Christianisme ;* et si l'écrivain auquel nous devons l'*Essai sur l'Indifférence* n'avait pas eu plus de talent que le désincarné qui a pris Allan-Kardec pour truchement, le nom de Lamennais ne serait pas arrivé jusqu'à nous.

On croirait, en lisant ces rapsodies, que tous ces

(1) Ibid. pp. XL et XLI.

grands morts, dédaigneux de leur propre mérite, se sont attachés à pasticher le *Livre des Esprits*. La vulgarité de la pensée le dispute chez tous à l'indigence du style.

III.

LES TROIS REVELATIONS.

« Il y a deux parties distinctes dans la loi mosaïque, « dit Allan-Kardec : la loi de Dieu promulguée sur « le mont Sinaï, et la loi civile ou disciplinaire « établie par Moïse ; l'une est invariable ; l'autre, « appropriée aux mœurs et au caractère du peuple, « se modifie avec le temps (1). »

« Jésus, poursuit le novateur, n'est point venu « détruire la loi, c'est-à-dire la loi de Dieu, il est venu « l'accomplir, c'est-à-dire la développer, lui donner « son véritable sens, et *l'approprier au degré d'avan-* « *cement des hommes ;* c'est pourquoi on trouve dans « cette loi le principe des devoirs envers Dieu et « envers le prochain, qui fait la base de sa doc- « trine (2). »

La vérité est immuable et les enseignements de l'Evangile sont les mêmes pour tous les *hommes, quel que soit leur degré d'avancement*. Ce n'est ni par étourderie ni par ignorance que l'auteur a glissé dans

(1) *L'Evangile selon le Spiritisme* p. 1.
(2) Ibid. p. 3.

les réflexions qui précèdent le membre de phrase que nous avons souligné.

« La loi de l'ancien Testament, dit encore Allan-« Kardec, est personnifiée dans Moïse ; celle du « nouveau Testament l'est dans le Christ ; le Spiri-« tisme est la troisième révélation de la loi de Dieu, « mais il n'est personnifié dans aucun individu, « parce qu'il est le produit de l'enseignement donné, « *non par un homme*, mais par les Esprits, *qui sont* « *la voix du ciel*, sur tous les points de la terre, et « par une multitude innombrable d'intermédiaires ; « c'est en quelque sorte un être collectif comprenant « l'ensemble *des êtres du monde* spirituel, venant « chacun apporter aux hommes le tribut de leurs « lumières *pour leur faire connaître ce monde* et le « sort qui les y attend (1). »

Inutile de faire observer que le Mosaïsme, pas plus que le Christianisme, n'est l'œuvre d'un homme. Moïse fut l'intermédiaire dont Dieu se servit pour instruire le peuple chargé de conserver le dépôt de la vérité religieuse et lui faire connaître sa volonté. Pour contester au Christianisme le caractère divin de son origine, il faudrait non seulement nier la divinité de Jésus-Christ, mais refuser de croire à sa mission.

Or, Allan-Kardec, par une de ces contradictions qui lui sont familières, écrit ceci : « De même que le « Christ a dit : « Je ne viens point détruire la loi, mais « l'accomplir, » le Spiritisme dit également : Je ne « viens point détruire la loi chrétienne, mais l'ac-

(1) Ibid. p. 5.

« complir. *Il n'enseigne rien de contraire à ce qu'en-« seigne le Christ,* mais il développe, complète et ex-« plique, en termes clairs pour tout le monde, ce « qui n'avait été dit que sous la forme allégorique ; « il vient accomplir, aux temps prédits, ce que le « Christ a annoncé, et préparer l'accomplissement « des choses futures. *Il est donc l'œuvre du Christ* « qui préside lui-même, ainsi qu'il l'a pareillement « annoncé, à la régénération qui s'opère, et prépare « le règne de Dieu sur la terre (1). »

Le Christianisme est l'œuvre d'un homme, tandis que le Spiritisme, qui vient le compléter et le développer, n'est pas l'œuvre d'un homme, quoi qu'il soit, comme le Christianisme, l'*œuvre du Christ.*

Comprenne qui pourra.

Il y a dans les citations que nous venons de faire un mélange voulu d'erreurs et de vérités.

Comme tous les chefs de secte, Allan-Kardec savait que le faux passerait à la faveur du vrai. Dire que la troisième révélation, à l'inverse de la première et de la seconde, n'est personnifiée dans aucun individu, parce qu'elle nous vient, *non d'un homme,* mais des Esprits qui sont *les voix du ciel,* c'est faire entendre, sinon affirmer, que le Christ n'est pas le Fils de Dieu et Dieu lui-même.

Désireux d'échapper au ridicule, Allan-Kardec évite de se poser en réformateur. Il se borne ou semble se borner à faire intervenir les Esprits dont il nous transmet les enseignements.

Le Christianisme le gêne. Il comprend qu'opposer

(1) Ibid. pp. 5 et 6.

l'autorité des invisibles qui font tourner les tables et manœuvrer les crayons à l'autorité de l'Eglise catholique, c'est s'exposer aux risées du public. Pour éviter ce péril, il recourt à des explications nébuleuses dont il est parfois difficile de découvrir le venin.

Qu'on en juge par ce qu'il dit du Christ.

« Le rôle de Jésus, écrit-il, a été simplement celui « d'un législateur moraliste, *sans autre autorité que* « *sa parole ;* il est venu accomplir les prophéties qui « avaient annoncé sa venue ; *il tenait son autorité* « *de la nature exceptionnelle de son Esprit* et DE SA MISSION DIVINE, etc. (1). »

Une autorité basée sur les prophéties, sur l'éminente perfection de celui qui en est revêtu et sur la *mission dont Dieu l'a investi*, est digne à tous égards du respect et de la confiance de ceux en faveur desquels on l'exerce.

N'importe, le législateur moraliste Jésus a été, comme tel, *sans autre autorité que sa parole !* en dépit des prophètes qui ont annoncé son avènement et de la *Mission divine* qu'il a reçue.

Eh bien, cette autorité, Allan-Kardec n'ose pas, quelque envie qu'il en ait, la battre directement en brèche. « Le Christ est venu apprendre aux hommes, « se plaît-il à répéter, que la vraie vie n'est pas sur « la terre, leur montrer la voie qui conduit au « royaume des cieux, etc. »

C'est quelque chose sans doute, *mais il n'a pas tout dit.*

(1) Ibid.

Et, sans se préoccuper de la contradiction qu'un lecteur attentif ne manquera pas de lui reprocher, il ajoute, une ligne plus loin : « Il a parlé de tout, « (il a donc tout dit), mais en termes plus ou moins « explicites (1). »

Le moyen de concilier ces deux affirmations !

Allan-Kardec ne s'embarrasse pas pour si peu : « Pour saisir, poursuit-il, le sens caché de certaines « paroles, il fallait que de nouvelles idées et de nou- « velles connaissances vinssent en donner la clef, et « ces idées ne pouvaient venir avant un certain de- « gré de maturité de l'esprit humain. La Science de- « vait puissamment contribuer à l'éclosion et au « développement de ces idées, il fallait donc donner « à la Science le temps de progresser (2). »

L'esprit humain a mûri, les sciences ont progressé, les idées qui devaient donner le sens de certaines paroles se sont développées, et..... Allan-Kardec a été providentiellement choisi, rue Rochechouart, par un Esprit qui prenait modestement le nom de *Vérité*, pour compléter, développer, expliquer les enseignements du Christ.

Nous lui devrons un Christianisme revu, corrigé et considérablement augmenté.

Oui, mais, comment concilier ces pronostics avec les paroles que l'Esprit familier du nouvel évangéliste dicta au médium, chez M. Roustan, le 30 avril 1856 ? « Il n'y aura plus de religion, disait *La Vérité*, et il en faudra une, mais vraie, grande, belle et

(1) Ibid.
(2) Ibid p. 4.

digne du Créateur.... Toi, Rivail, ta mission est là. »

Moïse et le Christ, Allan-Kardec en fait l'aveu, tenaient leur mission de Dieu. Ni l'un ni l'autre ne s'étaient contentés de l'affirmer ; ils l'avaient prouvé par un grand nombre de miracles devant lesquels la Science moderne elle-même est obligée de s'incliner.

De qui Allan-Kardec tient-il la sienne?

Des Esprits qui lui parlent par l'intermédiaire d'une table, d'un trépied armé d'un crayon, ou d'un médium qui écrit sous leur dictée les divagations théologiques que nous trouvons dans le *Livre des Esprits*, divagations signées : saint Augustin, Fénelon, Socrate, saint Vincent de Paul, etc.

Ces morts illustres doivent se dire, en lisant les rapsodies qu'on leur prête, s'ils les lisent, ce que nous ignorons : Nous étions décidément plus forts au temps de notre vie mortelle.

Ce qu'il y a de plus humiliant, de plus irritant, disons le mot, pour ces grands personnages, c'est le parti pris avec lequel les spirites s'attachent à leur faire dire le contraire de ce qu'ils ont écrit jadis.

Je m'étonne qu'Allan-Kardec et ses disciples n'aient pas eu l'idée de rééditer leurs œuvres avec les corrections, additions et suppressions que ces derniers leur envoient de l'autre monde.

Jusqu'à présent, la secte s'est bornée à revoir les enseignements de l'Eglise, et à *donner à certaines paroles du Christ le sens qui leur convient*, un sens bien différent de celui que nous leur attribuons, après les Apôtres, les Pères et les Docteurs.

IV.

LE DOGME ET LA MORALE DE LA RELIGION SPIRITE.

Le Spiritisme, se plaisent à répéter Allan-Kardec et ses disciples, n'enseigne rien de contraire à ce qu'enseigne le Christ.

Voyons ce qu'il y a de vrai dans cette affirmation.

Les Apôtres ont recueilli les enseignements du Maître et l'Eglise en a conservé le dépôt.

Ces enseignements sont résumés dans un petit livre que tout le monde connaît, à l'exception de ceux qui affichent la prétention de le réfuter.

Ce petit livre n'est autre que le catéchisme.

Il se compose de deux parties parfaitement distinctes, mais si étroitement unies qu'on ne peut les séparer : le dogme et la morale.

Supprimez le dogme, et la morale, restée sans point d'appui, tombe d'elle-même ; supprimez la morale, et le dogme passe du domaine de la foi dans celui des systèmes philosophiques.

A en croire Allan-Kardec, c'est du moins ce qu'il insinue à diverses reprises, le Christ aurait négligé le dogme, laissant au Spiritisme le soin « de développer, de compléter et d'expliquer ce qui n'avait été « dit que sous la forme allégorique. »

C'est avec de pareilles affirmations, dont l'audace va jusqu'à l'impudence, qu'il a pu entraîner à sa suite des âmes simples et croyantes.

Pourquoi, nous dit-on, repousser le Spiritisme ? Ses adeptes ont pour le Christ un respect absolu, et la morale qu'ils professent ne diffère pas, dans ses grandes lignes, de celle de l'Evangile. Ils recommandent la pratique de la charité envers le prochain, l'oubli des injures, le respect du bien d'autrui, la résignation dans le malheur, l'obéissance à l'autorité, etc.

Sur tous ces points, le Spiritisme est d'accord avec les enseignements de l'Eglise : mais il refuse d'admettre les articles de foi contenus dans le Symbole des Apôtres. D'où cette conclusion dont nous serions heureux de connaître les prémisses : Les Evangélistes ont fidèlement traduit la pensée du Christ concernant la morale, mais ils l'ont méconnue pour tout le reste.

Il serait difficile de se moquer du lecteur avec plus de sans gêne.

De deux choses l'une : ou la deuxième révélation n'a pas survécu à son auteur, et alors Dieu s'est trompé en donnant au Christ une *mission* qui devait être sans résultat, ou cette révélation a produit l'effet qu'elle devait produire, et, dans ce cas, elle est arrivée jusqu'à nous par l'intermédiaire des Apôtres et de leurs successeurs.

La première hypothèse étant inadmissible, la seconde est forcément vraie.

Il faut donc, à moins de mettre au rancart les lois de la logique, considérer comme formant un tout dont on ne peut rien distraire, les enseignements de l'Eglise.

« La Science et la religion, déclare Allan-Kardec, « n'ont pu s'entendre jusqu'à ce jour, parce que, « chacune envisageant les choses à son point de vue

« exclusif, elles se repoussaient mutuellement. Il « fallait quelque chose pour combler le vide qui les « séparait, un trait d'union qui les rapprochât; ce « trait d'union est dans la connaissance des lois qui « régissent le monde spirituel et ses rapports avec le « monde corporel, lois tout aussi immuables que « celles qui règlent le mouvement des astres et « l'existence des êtres (1). »

Le Spiritisme est venu combler le *vide qui séparait la Science de la religion.* C'est Allan-Kardec qui nous le dit, éclairé par l'Esprit qui dirige sa plume. Mais où donc a-t-il vu que ce vide existait? La religion n'a jamais repoussé la Science, et la Science, la vraie s'entend, s'est toujours accommodée de la religion. On peut, sans être licencié en histoire, constater que l'Eglise a produit, à toutes les époques, des savants de premier ordre, et que plusieurs d'entre eux figurent parmi les saints que nous honorons. Or, nous ne lisons nulle part que ces grands hommes aient été gênés dans leurs investigations scientifiques par la foi qu'ils professaient.

Est-ce que Chevreul et Pasteur, qui étaient d'excellents chrétiens et des savants de premier ordre, ont une seule fois accusé l'Eglise de mettre des entraves à leurs travaux ?

« Le règne du Christ, » s'écrie Allan-Kardec, après nous avoir parlé de la deuxième révélation, « le « règne du Christ, malgré le sang de tant de martyrs, « N'EST PAS ENCORE VENU ! (2). »

(1) *L'Evangile selon le Spiritisme* p. 6 et 7.
(2) Ibid. p. 11.

Comment! le règne du Christ n'est pas encore venu, et vous affirmez « *ne rien enseigner de contraire à ce qu'enseigne le Christ !* »

Mais si le règne du Christ est encore dans les futurs contingents, sur quoi vous basez-vous pour déclarer que la Science et la religion chrétienne n'ont jamais pu s'entendre?

Sur les données historiques? Mais l'histoire vous donne le démenti le plus formel.

Sur les révélations que les Esprits vous ont faites? Mais il s'agit ici d'une question de fait au sujet de laquelle vos révélateurs n'ont rien à nous apprendre.

Les invisibles s'occupent avant tout du dogme catholique qu'ils s'efforcent de démolir, sous le singulier prétexte qu'il n'est point l'œuvre de Jésus-Christ, mais celle des papes et des évêques.

En admettant qu'il en fût ainsi, les spirites auraient tort de conclure que le symbole catholique peut et doit être considéré comme non avenu, à moins qu'ils ne regardent comme apocryphes — ce qu'il faudrait prouver — ces paroles du Sauveur à ses Apôtres : « Allez et enseignez toutes les nations... Qui vous « écoute m'écoute; qui vous méprise me méprise.... « Et voilà que je serai avec vous jusqu'à la consom- « mation des siècles. »

Les disciples d'Allan-Kardec n'objecteront pas, je suppose, qu'il s'agit ici des Apôtres seulement; car, alors, que signifierait la promesse que le Christ fit à saint Pierre : « Tu es Pierre et sur cette pierre je bâtirai mon Eglise et les puissances de l'enfer ne *prévaudront jamais contre elle?* »

Si le pouvoir enseignant et l'infaillibilité doctrinale avaient dû s'éteindre à la mort des Apôtres, Jésus aurait affirmé le contraire de la vérité en disant au collège apostolique : « Je serai avec vous jusqu'à « la consommation des siècles, » et à saint Pierre : « Les puissances de l'enfer ne *prévaudront jamais* « contre l'Eglise. »

« Un jour, écrit encore le patriarche du Spiritisme, « Dieu, dans sa charité inépuisable, permet à « l'homme de voir la vérité percer les ténèbres ; ce « jour était l'avénement du Christ. Après la lumière « vive, les ténèbres sont revenues ; le monde, « après des alternatives de vérité et d'obscurité, le « perdait de nouveau (1). »

L'œuvre du Christ était donc une œuvre éphémère, et *sa mission divine* sujette aux défaillances les plus regrettables, toutes choses qu'il est difficile de concilier avec cette autre affirmation d'Allan-Kardec.

« Le Christ a été l'initiateur de la morale la « plus pure, la plus sublime ; de la morale évangé- « lique chrétienne qui doit renover le monde, rap- « procher les hommes et les rendre frères ; qui doit « faire jaillir de tous les cœurs humains la charité « et l'amour du prochain, et créer entre tous les « hommes une solidarité commune ; d'une morale « enfin qui doit transformer la terre, et en faire un « séjour pour des Esprits supérieurs à ceux qui « l'habitent aujourd'hui (2). »

Et voilà ! — Près de deux mille ans se sont écoulés depuis que le Christ a promulgué sa loi morale,

(1) Ibid p. 9.
(2) Ibid p p. 8 et 9.

et cette loi, la plus pure et la plus sublime, n'a pu encore *renover le monde*, ni réussir à *rapprocher les hommes et à les rendre frères*. Seul le Spiritisme nous communiquera le *feu de la charité et l'amour du prochain*. Seul il créera entre nous tous une solidarité commune.

Les Apôtres n'ont rien compris aux enseignements du Sauveur. Les Pères de l'Eglise s'en sont tenus à la lettre qui tue, laissant de côté l'esprit qui vivifie. Les martyrs ont versé leur sang pour rendre témoignage à ce qu'ils croyaient faussement être la vérité, trompés qu'ils étaient par les disciples de Jésus-Christ. Pendant de longs siècles, le monde a vécu dans les ténèbres ; mais voici que la lumière évangélique brille à l'horizon, grâce aux Esprits qui se sont constitués les inspirateurs et les guides d'Allan-Kardec.

Les docteurs de l'Eglise sont venus à lui et lui ont révélé que, *voyant avec les yeux de l'esprit ce qu'ils ne voyaient pas comme hommes, ils peuvent, sans renier leur foi, se faire les propagateurs du Spiritisme*. Le Christianisme leur apparaît maintenant dans toute sa pureté, ce qui les oblige à penser autrement qu'ils ne pensaient pendant le cours de leur vie mortelle.

Le plus étrange en tout ceci, c'est qu'ils puissent, sans renier leur foi, professer une doctrine opposée à celle qu'ils professaient jadis.

Le lecteur s'expliquera non moins difficilement que la morale évangélique soit demeurée stérile pendant dix-neuf siècles et qu'elle devienne tout à coup fécondé en passant du prêtre catholique aux mains des spirites.

Allan-Kardec déclare dans ses livres qu'il a reçu une mission et que ce qu'il écrit n'est point son œuvre, mais l'œuvre des Esprits.

On se demande, en le lisant, si la mission dont il se targue n'est pas un rêve de son imagination. — Y croit-il sérieusement lui-même ? N'a-t-il pas voulu, en faisant intervenir les invisibles, donner à ses spéculations philosophico-théologiques une couleur surnaturelle qui les ferait plus facilement accepter par les âmes simples et croyantes ?

Allan-Kardec ne procède pas autrement que les chefs de secte qui l'ont précédé. Tous, depuis les néo-platoniciens jusqu'à Swendenborg, ont prétendu avoir des relations avec le monde surnaturel.

Le patriarche du Spiritisme semble avoir pris à tâche de copier ce dernier.

« J'étais à Londres, écrivait le savant suédois, « et je dînais fort tard dans une auberge où je « m'étais réservé une pièce, afin de pouvoir réflé- « chir tout à mon aise.

« J'avais grand' faim ; et je mangeais avec une cer- « taine avidité. Sur la fin de mon repas, une sorte « de brouillard se répandit sur mes yeux, et le « plancher de ma chambre se couvrit de reptiles « hideux.

« J'en fus d'autant plus effrayé que l'obscurité deve- « nait plus profonde. Mais bientôt la lumière « reparut et j'aperçus un homme assis dans un des « angles de la salle. Il était entouré de lumière. Je « me trouvais seul. Vous pouvez donc vous figurer

« quelle fut ma frayeur, lorsque j'entendis ce person-
« nage mystérieux me dire d'une voix menaçante :
« *Ne mange pas tant !* Ma vue s'obscurcit une seconde
« fois. Lorsqu'elle me revint, l'homme avait disparu.
« Je me levai aussitôt et me retirai à mon domicile,
« encore tout ému de ce qui s'était passé.

« Arrivé dans ma chambre, je me pris à réfléchir.
« Je compris sans trop de peine que ce qui venait de
« m'arriver n'était ni l'effet du hasard, ni le résultat
« d'une cause naturelle.

« La nuit suivante, l'homme rayonnant m'apparut
« une seconde fois et me dit : « *Je suis Dieu, le*
« *Seigneur, le Créateur et le Rédempteur ; je t'ai*
« *choisi pour expliquer aux hommes le sens intérieur*
« *et spirituel des Saintes Ecritures ; je te dicterai ce*
« *que tu devras écrire.* (1) »

Moins audacieux que le philosophe de Stockolm, Allan-Kardec n'invoque pas le témoignage de Dieu en faveur de sa mission. Il s'appuie seulement sur l'autorité des invisibles. Les Esprits méritent-ils la confiance dont il veut que nous les honorions ?

La question est d'autant plus délicate que lui-même ne les juge pas tous d'une manière flatteuse.

Les purs Esprits — les moins nombreux paraît-il — occupent le premier rang. Après eux viennent ceux qui laissent encore à désirer, mais qui sont disposés à devenir meilleurs. Au bas de l'échelle figurent les Esprits ignorants ou dont les instincts sont déplorables.

(1) *Recueil de documents concernant la vie et le caractère de Swendenborg.*

Il en est, parmi ces derniers, qui se plaisent à nous causer mille contrariétés. Nos pères les désignaient sous les noms caractéristiques d'*Esprits follets, de Lutins, de Gnômes, de Farfadets.*

Allan-Kardec nous raconte qu'ils rient comme de petites folles, quand ils ont réussi à nous mystifier. « Ils se mêlent de tout, répondent à tout, sans se sou- « cier de la vérité..... Dans leurs communications « avec les hommes, leur langage est quelquefois « spirituel et facétieux, mais presque toujours sans « profondeur; ils saisissent les travers et les ridi- « cules qu'ils expriment en traits mordants et « satiriques.

« Les *Esprits impurs* sont enclins au mal et en « font l'objet de leurs préoccupations..... Ils donnent « des conseils perfides, soufflent la discorde et la « défiance et prennent tous les masques pour mieux « tromper..... Les êtres vivants qu'ils animent, quand « ils sont incarnés, sont enclins à tous les vices « qu'engendrent les passions viles et dégradantes : « la sensualité, la cruauté, la fourberie, l'hypocrisie, « la cupidité, l'avarice sordide, etc., etc. (1). »

Nous aimons à supposer que les Esprits qu'Allan-Kardec a pris pour guides, n'appartiennent pas à cette catégorie. Mais on peut se demander si les spirites, leur patriarche en tête, ne sont pas tombés sous la coupe des *Esprits faux-savants.*

Les invisibles de cette classe, c'est toujours Allan-Kardec qui parle, « ont des connaissances assez « étendues, mais ils croient savoir plus qu'ils ne

(1) *Le Livre des Esprits*, p. 45.

« savent en réalité. Ayant accompli quelques progrès « à divers points de vue, leur langage a un caractère sérieux qui peut donner le change sur leurs « capacités et leurs lumières..... C'est un mélange « de quelques vérités à côté des erreurs les plus ab« surdes, au milieu desquelles percent la préoccu« pation, l'orgueil, la jalousie et l'entêtement dont « ils n'ont pu se dépouiller (1). »

Je ne parle ni des Esprits neutres ni des Esprits frappeurs. Les premiers ne sont bons à rien, et les seconds se bornent à empêcher de dormir les gens qui ont le désagrément de recevoir leur visite.

Allan-Kardec nous apprend que les Esprits s'incarnent afin de devenir meilleurs, ce à quoi ils ne réussissent pas toujours. *Dieu les a créés simples et ignorants.* Or, la plupart d'entre eux sont des coquins de la pire espèce, une fois incarnés.

Il paraît, cependant, que ces gibiers de potence finiront par se débarrasser de leurs mauvais instincts, après un nombre incalculable d'années et une série effrayante de réincarnations.

Ceux qui, comme femmes, auront mené une vie de bâtons de chaise et se seront aperçus, après mûre réflexion, que la pratique de la vertu est par trop difficile pour le sexe faible, pourront essayer du sexe fort, quand il leur prendra fantaisie de tenter une nouvelle expérience.

De qui Allan-Kardec et ses disciples tiennent-ils ces détails ? Des Esprits, nous le supposons, mais de quels Esprits ? Ne sont-ils pas victimes des *Faux-*

(1) Ibid. p. 44. — Ibid. p. 88.

Savants et des Esprits légers ? Les uns, nous l'avons vu, se trompent souvent, et les autres prennent plaisir à nous tromper.

Il n'est pas rare que deux Esprits soient en contradiction l'un avec l'autre. Le moyen, alors, de savoir où se trouve la vérité ?

« Le spirite, nous dit Allan-Kardec, devra peser le « pour et le contre et trancher lui-même la question.» Mais si vous avez assez de lumières pour prononcer en dernier ressort entre les affirmations contradictoires de deux invisibles, quel besoin avez-vous de les consulter ?

Inutile de faire observer que les Esprits ne se révèlent pas au premier venu.

Le mystérieux personnage qui prit l'engagement d'assister Allan-Kardec dans ses travaux, sous le nom rassurant de *Vérité*, n'a plus reparu que je sache, depuis la mort de son protégé, à moins qu'il n'ait pris un pseudonyme un peu moins prétentieux pour entrer en relation avec d'autres évocateurs.

On sait que les Esprits changent parfois de nom pour avoir le plaisir de berner leurs fidèles.

Aussi, lorsque je vois un médium me citer saint Augustin, Fénelon, Chateaubriand ou Lamennais, et que je compare la littérature posthume de ces grands hommes à celle qu'ils nous donnèrent de leur vivant, je ne puis m'empêcher de penser que des Esprits appartenant à la classe des fumistes se sont affublés de leurs noms pour avoir le plaisir de se gausser de nous, à moins que ce ne soit le médium lui-même qui se moque de ceux qui l'écoutent ou le lisent.

Ce dernier cas n'est pas chimérique. Allan-Kardec le reconnaît lui-même. « Comme tout peut devenir, « dit-il, un sujet d'exploitation, il n'y aurait rien « d'étonnant à ce qu'on voulût aussi exploiter les « Esprits; reste à savoir comment ils prendraient la « chose, si jamais telle spéculation tentait de s'in- « troduire. » — Ils la prendraient en riant, selon toute apparence, puisqu'ils se permettent, de leur côté, ces sortes de facéties. « Nous dirons d'abord, « poursuit l'auteur du *Livre des Médiums*, que rien « ne prêterait plus au charlatanisme et à la jonglerie « qu'un pareil métier. Si l'on voit de faux somnam- « bules, on verrait bien plus encore de faux mé- « diums et cette raison seule serait un sujet fondé « de méfiance (1). »

Le spirite peut donc et doit toujours se demander s'il est en présence d'un médium qui le trompe ou d'un Esprit qui le mystifie.

La religion préconisée par Allan-Kardec et ses partisans a un autre vice rédhibitoire qu'il est bon de signaler en passant.

Nous sommes tous intéressés à connaître les vérités qui ont pour objet de fixer notre foi ou de régler notre conduite. Les pontifes du Spiritisme pourraient-ils nous dire à quel moyen devront recourir, pour être éclairés sur ces deux points, les millions d'hommes que les invisibles dédaignent d'instruire, ou qui n'ont pas le temps de se livrer aux pratiques bizarres que ces fantasques révélateurs exigent de ceux qui les évoquent?

(1) *Le Livre des Médiums*, p. 420.

Ils auront pour toute ressource, hélas! de méditer les livres d'Allan-Kardec, dont l'infaillibilité doctrinale est encore à démontrer, à moins qu'ils ne préfèrent consulter un médium, un magnétiseur ou une tireuse de cartes, consultations qui ne sont ni sûres ni gratuites.

Allan-Kardec nous assure, il est vrai, qu'il a écrit sous la dictée des Esprits et qu'aucune erreur ne s'est glissée dans ses œuvres. Mais que vaut une affirmation? Le Christ, les prophètes et les Apôtres ont donné au monde des preuves irrécusables de leur mission en opérant des miracles à l'appui de leurs enseignements.

Où sont les miracles d'Allan-Kardec?

Nous croirons, si cela peut être agréable à ses disciples, ce qu'il nous raconte de son Esprit familier, des coups qu'il frappait dans les murs de son cabinet de travail et des confidences qu'il lui fit chez M. Baudin, comme nous croirions aux anecdotes plus ou moins authentiques dont un voyageur venant de la Terre de Feu nous ferait le récit. Mais cela ne suffit pas, quand il s'agit d'établir un symbole religieux.

Il est, d'ailleurs, bon nombre de questions sur lesquelles les Esprits sont divisés. Le dogme de la réincarnation que les invisibles d'Allan-Kardec nous donnent comme une vérité de foi, d'autres invisibles, non moins recommandables, le rejettent avec dédain et le traitent de conte à dormir debout.

A quel parti se rallier?

Grave question pour les pauvres diables qui, n'ayant pas eu de chance une première fois, se berçaient de la douce espérance de se réincarner un jour dans le corps d'un souverain, d'une princesse, d'un président de république ou d'un simple rentier.

V.

COMME QUOI LE SPIRITISME N'EST PAS VENU DÉTRUIRE LA RELIGION CHRÉTIENNE.

Cette affirmation d'Allan-Kardec et de ses disciples révèle une certaine audace.

Ce que le novateur dit de Dieu, au chapitre 1er du *Livre des Esprits,* laisse peu à désirer comme exactitude. Les preuves qu'il donne de son existence ne diffèrent pas d'une manière sensible de celles qu'on trouve dans tous les ouvrages d'apologétique.

Dans le paragraphe de la fin, il combat le panthéisme, mais assez mollement et dans un langage qui prête à l'équivoque.

Lisez plutôt :

« Dieu est-il un être distinct, demanda-t-il, ou « bien serait-il, selon l'opinion de quelques-uns, la « résultante de toutes les forces et de toutes les in« telligences de l'univers réunies ? »

Et l'Esprit de répondre :

« S'il en était ainsi, Dieu ne serait pas, car il « serait l'effet et non la cause ; il ne peut être, à la « fois l'un et l'autre. »

Puis il ajoute :

« Dieu existe, vous ne pouvez en douter, c'est l'es-

« sentiel ; croyez-moi, n'allez pas au delà ; ne vous « égarez pas dans un labyrinthe d'où vous ne pour- « riez sortir. »

C'est par ces réserves pleines d'habileté qu'Allan-Kardec prépare ses lecteurs aux théories franchement panthéistiques du chapitre suivant.

Nous reproduisons textuellement les questions qu'il adresse à son Esprit familier et les réponses que lui fait celui-ci.

ALLAN-KARDEC. — « La matière est-elle de toute « éternité, ou bien a-t-elle été créée par lui (Dieu) « dans un temps quelconque ? »

L'ESPRIT. — « Dieu seul le sait. »

Les invisibles admettent donc ou semblent admettre que la matière pourrait bien être éternelle. Mais poursuivons.

ALLAN-KARDEC. — « Qu'est-ce que l'esprit ? »

L'ESPRIT. — « Le principe intelligent de l'univers. »

ALLAN-KARDEC. — « Il y aurait ainsi deux éléments « généraux de l'univers : la matière et l'esprit ? »

L'ESPRIT. — « Oui, et par-dessus tout cela, Dieu, le « créateur, le père de toutes choses ; ces trois choses « sont le principe de tout ce qui existe, la *Trinité uni-* « *verselle.* »

Mais si la matière, l'esprit et Dieu sont le principe de tout ce qui existe, il faut admettre, par voie de conséquence, que la matière et l'esprit sont éternels comme Dieu et ne font qu'un avec lui.

ALLAN-KARDEC. — « L'espace est-il infini ou « limité ? »

L'ESPRIT. — « Infini. Suppose-lui des bornes, qu'y « aurait-il au delà ? »

ALLAN-KARDEC. — « Le vide absolu existe-t-il « quelque part. »

L'ESPRIT. — « Non, rien n'est vide ; ce qui est vide « pour toi, *est occupé par une matière qui échappe « à tes sens et à tes instruments* (1). »

Le doute n'est plus permis; dans l'opinion des spirites, *les deux éléments généraux de l'univers : la* MATIÈRE *et* L'ESPRIT, se retrouvent partout dans l'infini de l'espace et se confondent avec l'essence divine.

Quelques pages plus loin, Allan-Kardec demande aux Esprits : « Puisqu'il y a deux éléments généraux « dans l'univers : l'élément intelligent et l'élément « matériel, pourrait-on dire que les Esprits *sont for- « més de l'élément intelligent, comme les corps « inertes sont formés de l'élément matériel ?* »

La réponse est d'une netteté qui ne laisse rien à désirer : « *C'est évident,* déclarent les invisibles. Les « Esprits sont *l'individualisation du principe intel- « ligent,* comme les corps *sont l'individualisation « du principe matériel ;* c'est l'époque et le mode de « cette formation qui sont inconnus (2). »

Quelle conclusion tirer de ces principes, sinon que les Esprits et les corps sont des émanations de la *Trinité universelle ?*

Allan-Kardec, désireux d'aller au fond de la question, se demande si les Esprits ont une fin. « On « comprend, poursuit-il, que le principe d'où ils « émanent soit éternel, mais ce que nous demandons,

(1) *Le Livre des Esprits*, Ch. 1 et 11. *passim.*
(2) *Le Livre des Esprits*, p. 34.

« c'est si leur individualité a un terme, et si, dans « un temps donné, plus ou moins long, l'élément « dont ils sont formés ne se dissémine pas et ne re- « tourne pas à la masse comme cela a lieu pour les « corps matériels. Il est difficile de comprendre « qu'une chose qui a commencé puisse ne pas « finir (1). »

Que répond l'Esprit à cette question? Repousse-t-il l'idée panthéiste qui en forme le fond? Nullement. Il refuse de se prononcer, afin de laisser le doute s'emparer du lecteur, l'obséder et tuer en lui la foi que l'Eglise lui a inculquée concernant la nature et l'immortalité de l'âme. « Il y a bien des « choses, dit-il, que vous ne comprenez pas, parce « que votre intelligence est bornée. »

Le Spiritisme enseigne-t-il, du moins, la spiritualité de l'âme?

« Est-il exact de dire que les Esprits sont imma- « tériels? demande Allan-Kardec. »

Admirez la réponse :

« Comment peut-on définir une chose quand on « manque de termes de comparaison, et avec un « langage insuffisant? Immatériel n'est pas le mot; « incorporel serait plus exact, car tu dois bien com- « prendre que l'Esprit étant une création doit être « quelque chose; *c'est une matière quintessenciée,* « *mais sans analogue pour vous, et si éthérée* « *qu'elle ne peut tomber sous vos sens* (2). »

Si quintessenciée et si éthérée qu'elle soit, la ma-

(1) Ibid. p. 35.
(2) Ibid. p. 35.

tière ne cesse pas pour cela d'être de la matière.

Comment, après une semblable profession de foi, les spirites peuvent-t-ils encore se poser comme les antagonistes du matérialisme ?

La question des Esprits amène naturellement celle des anges et des démons.

Les spirites nient l'existence des uns et des autres. Pour eux, les anges sont des Esprits désincarnés qui, après de longues épreuves, sont arrivés au sommet de la perfection.

Quant aux démons, disent-ils, il ne saurait y en avoir, car « s'il y en avait, ils seraient l'œuvre de « Dieu, et Dieu serait-il juste et bon d'avoir fait des « êtres éternellement voués au mal et malheu- « reux (1) ? »

Ce raisonnement ne tient pas debout. Dieu a créé les anges libres et heureux. Ce n'est pas lui qui les a voués au mal ; ils s'y sont voués eux-mêmes en abusant de la liberté.

Est-ce que les hommes n'abusent pas de la leur ? Est-ce que cet abus n'est pas considéré par les spirites eux-mêmes comme la cause des épreuves que les Esprits désincarnés sont condamnés à subir ? N'affirment-ils pas que la plupart de ces Esprits sont errants dans l'espace pendant des milliers d'années, et doivent, avant d'arriver au bonheur parfait, se réincarner un nombre indéfini de fois ?

« S'il y a des démons, disent les Esprits à Allan- « Kardec, c'est dans ton monde inférieur et autres « semblables qu'ils résident ; *ce sont ces hommes hy-*

(1) Ibid. pp. 54 et 55.

« *pocrites qui font d'un Dieu Juste un Dieu méchant* « *et vindicatif, et qui croient lui être agréable* par « les abominations qu'ils commettent *en son* « *nom* (1). »

C'est à l'adresse des catholiques et du clergé en particulier que les invisibles ont dicté à leur interprête breveté ces paroles vénimeuses, *tant il est vrai qu'ils ne viennent pas détruire la loi chrétienne, mais l'accomplir.*

Les spirites ont supprimé l'enfer. Cette suppression est la conséquence forcée de leurs doctrines panthéistiques. Dieu ne peut pas se damner lui-même en damnant une ou plusieurs de ses émanations.

Leur purgatoire, si purgatoire il y a, est bénin, bénin. Il consiste pour ceux qui y sont condamnés à passer d'une existence à une autre existence, et, pour peu que l'intéressé le désire, d'une planète dans une autre planète.

Bonne fortune pour les touristes et les explorateurs.

Malheureusement, le réincarné ne conserve aucun souvenir des excursions auxquelles il s'est livré.

Le proverbe : « Quiconque a beaucoup vu a beaucoup retenu, » n'a pas son application ici. Ceux qui ont vécu dans la lune ou dans Jupiter ne connaissent de ces astres, si d'aventure ils sont contraints ou prennent fantaisie de venir parmi nous, que ce que leur en disent les astronomes.

On se demande, non sans raison, si ces histoires

(1) Ibid. p. 55.

de fées constituent vraiment le dogme d'une religion que des hommes à l'esprit cultivé prennent au sérieux.

Nous croyons superflu de faire observer que les sacrements de l'Eglise sont considérés comme non avenus par la secte nouvelle.

La foi aux sacrements suppose la foi à la divinité de Jésus-Christ. Or, les spirites ne regardent le Christ que comme un prophète qui avait reçu de Dieu la mission de compléter la loi de Moïse, comme les Esprits ont reçu celle de compléter la loi chrétienne.

Eh bien, ce prophète qui devait, au nom de Dieu et avec son assistance, nous donner une loi morale irréprochable, fondée sur une ensemble de vérités dogmatiques plus solides que le roc, ne laisse après lui, si l'on en croit les Esprits, qu'un fatras de croyances absurdes.

Si le Spiritisme démolit pièce à pièce *la loi chrétienne, qu'il n'est pas venu détruire*, respecte-t-il, au moins, la loi de Moïse ? — Pas davantage.

Considère-t-il le Pentateuque comme l'œuvre inspirée d'un grand prophète ? — Nullement.

Il traite de fable ce que Moïse nous raconte du premier homme, de la chute originelle et de la part que le démon y a prise.

« L'espèce humaine a-t-elle commencé par un seul « homme ? »

A cette question d'Allan-Kardec les Esprits répondent : « Non, celui que vous appelez Adam ne « fut ni le premier, ni le seul qui peupla la terre. »

« L'homme a-t-il pris naissance sur plusieurs « points du globe? »

« Oui, à diverses époques, disent les invisibles, et « c'est là une des causes de la diversité des races; « puis, les hommes, en se dispersant sous différents « climats et en s'alliant à d'autres races, ont formé « de nouveaux types (1). »

Nous croyons inutile de poursuivre la série des négations dont les enseignements de Moïse sont l'objet de la part des spirites.

Disons seulement que les disciples d'Allan-Kardec n'ont pas à se préoccuper des châtiments qui attendent le pécheur au delà du tombeau.

Un évocateur qui a fait quelque bruit, au début du Spiritisme, M. Alph. Cahagnet, interrogea l'âme d'un prêtre qui avait servi l'Eglise avec honneur, M. l'abbé M.....

Etait-ce bien l'Esprit de l'abbé M...? Le doute est permis, M. Cahagnet n'ayant pu constater son identité. Nous avons vu que certains Esprits se font passer pour ce qu'ils ne sont pas, et se donnent le malin plaisir de nous conter — c'est le cas de le dire — des histoires de l'autre monde.

Cela dit, passons aux questions que M. Cahagnet adressa au prétendu abbé M... et aux réponses qu'il en obtint.

« Voulez-vous me répondre à quelques questions « psychologiques? — C'est selon. — Avez-vous une « âme? — Vous le voyez, j'en suis une. — Quelle « forme a-t-elle? — Celle du corps. — Où va-t-elle

(1) *Le Livre des Esprits*, pp. 19 et 20.

« après la séparation du corps? — Dans des lieux « célestes. — Qu'y fait-elle? Boit-elle, mange-t-elle? « — Elle y satisfait ses principales affections. — Y a- « t-il des lieux bons ou mauvais? — Oui. — Les mau- « vais sont-ils ce que les chrétiens nomment enfer? « — Oui. — Y brûle-t-on, comme ils le disent? — Ils « disent ce qu'ils ne croient pas. — Mais vous êtes « prêtre, vous avez enseigné ces croyances? — Je « n'ai jamais cru à ces choses. — Alors que fait-on « dans ces mauvais lieux? Y souffre-t-on? — On y « satisfait ses affections, *l'on s'y trouve* heureux, « quoique ce soient des lieux de purification dans « lesquels Dieu nous place, pour nous appeler plus « tard près de lui, en nous pardonnant. — Y reste- « t-on éternellement? — Dans les bons, oui, et non « dans les mauvais. — Quelles sont les connaissan- « ces de l'âme dans ces lieux? — Celles qu'elle « désire posséder, et qu'elle acquiert à son gré (1). »

Evoqué à son tour Swendenborg nous apprend, lui aussi, que les Esprits emportent avec eux leurs *principales affections terrestres*, qu'ils continuent à être plus ou moins pétris d'orgueil, ce qui fait que *souvent ils veulent paraître savoir plus qu'ils ne savent en réalité.*

Voilà qui est rassurant pour ceux qui les consultent.

Ne trouvez-vous pas que l'enfer dont nous parle l'Esprit de l'abbé M...., ce modèle des bons prêtres, est vraiment de nature à tranquilliser les consciences les plus avariées? Chaque damné peut y

(1) ALPH. CAHAGNET. *Arcanes de la vie future.*

satisfaire ses principales affections, qui n'ont, le plus souvent, qu'une vague affinité avec l'amour de Dieu. Les viveurs, les femmes légères, les pécheresses incorrigibles, les voleurs, les assassins eux-mêmes auront l'agrément de continuer leur genre de vie dans ce Tartare à l'eau de rose, laissant aux savants, aux érudits et aux artistes la liberté de se livrer à leurs études favorites.

Nous n'avons pas besoin de faire observer qu'Allan-Kardec et ses Esprits de prédilection — la *Vérité* entre autres — ne parlent pas autrement que l'abbé M... et Swendenborg.

Tous les Esprits, il est bon que nos lecteurs le sachent, ne donnent pas de l'enfer une idée aussi rassurante.

Citons des faits.

M. Gougenot des Mousseaux et quelques-uns de ses amis eurent l'idée d'évoquer l'âme de Robespierre.

« Dans quel état te trouves-tu ? demande-t-on au célèbre jacobin. — Errant, errant toujours. — Veux-tu qu'on prie pour toi ? — Non, répliquent les coups *avec fougue.* — Et pourquoi ? — Que me ferait la prière ? — Comptes-tu sur la miséricorde de Dieu ? — Personne ne songe à moi. — Penses-tu que Dieu te pardonnera ? — Oh ! sa miséricorde est grande; mais mes fautes *sont semblables à l'éternité !* Partout elles me poursuivent. — Tu ne veux pas, lui dit l'interlocuteur, que je prie pour toi ? — Non. — Que penses-tu de ton décret sur l'Etre suprême ? — J'étais fou. — Ton but n'était-il pas de jeter de la poudre aux yeux du peuple ? Deux coups *d'une extrême roideur* ébranlent le bois et disent : *non.* —

As-tu trouvé quelque bonne foi chez tes amis ? — Non. Tous ils m'ont abandonné, trahi ! — Ne croyais-tu pas à l'Evangile ? — Non, guère. — Qu'est-ce qui t'avait arraché de l'âme la foi de ta jeunesse ? — Je ne puis pas le dire. — Quels ouvrages avais-tu lus sur la religion ? — De trop mauvais, *j'aurai* dû les *anéantirs* (sic). — Nomme-les. — Non, réplique un coup dont *l'aigreur* est effrayante... — Que penses-tu de Danton ? — Point ne veux parler. — Et de Marat ? — Lui ! Qu'on le laisse en repos. Oh ! il souffre trop ; ne le narguez pas. — Tu éprouves donc de la pitié pour lui ? — Oui. — Quand tu t'ès conduit comme tu l'as fait, croyais-tu bien faire ? — A qui de me poser cette question (sic) si ce n'est à D...! Enfin je peux vous dire non. — Tu voulais donc le pouvoir par amour pour le pouvoir ? »

« Ici, dit M. Gougenot des Mousseaux, le prétendu Robespierre voulut-il paraître humilié de cette question ? Je le suppose ; car, ni les coups de l'invisible, ni le crayon du médium ne nous y répondent. Nous restons une demi-minute à peu près en suspens. Mais, soudain, trois coups espacés, sonores, presque à la façon du métal, et terribles, retentissent, sortant comme de l'épaisseur d'un mur solide et plein qui nous avoisine. Le mur *en paraît ébranlé*. Nous tressaillons, et, d'un commun aveu, c'est la première fois que des coups de cette force frappent et étonnent les oreilles de cette maison ! Il serait difficile d'en rendre l'effet.

« Qu'est-ce donc que cela, Robespierre ? — C'est un

Valbin qui me garde et qui, *pour moi*, vous a répondu : oui (1) ! »

Nous n'avons donné de cette interview que la partie la plus importante.

Passons à une autre évocation non moins sensationnelle. M. de Saulcy, ancien membre de l'Institut, fit comparaître, avec plusieurs de ses amis, l'âme de Judas.

« Ton nom ? demanda le savant académicien. — Judas d'Iscara. — Où es-tu ? — Enfer. — Tu peux donc en sortir ? — Non. — Y es-tu en totalité ou en partie ? — En totalité. — Souffres-tu ? — Oui. — C'est toi qui as trahi Jésus-Christ ? — Oui. — Pourquoi ? — Béelzébut. — Comment cela ? — Argent. — Est-ce à un arbre ou à une construction que tu te pendis ? — A un arbre. — Existe-t-il encore ? — Non. — Te repens-tu ? — Non. — Les oliviers de Gethsémanie existaient-ils du temps de Jésus-Christ ? — Oui. — Devons-nous croire au Christianisme et obéir à Jésus-Christ ? — Oui. — Est-il plus fort que toi ? Es-tu forcé d'obéir ? — Oui. — Connais-tu les taureaux de Ninive qui sont à Paris ? — Oui. — Quel est le roi qui les a fait faire ? — Hasaradon. — Es-tu un menteur ? — Oui. — Une canaille ? — Oui. — Un triple gueux ? — Oui. — Es-tu obligé de nous obéir ? — Oui. — Viendras-tu quand nous t'appellerons ? — Oui. — Va-t'en. » (24 juillet 1853).

(1) Les Valbins, nous ont dit les Esprits, dignes de la plus extrême méfiance, ce sont les gardes-chiourmes des enfers, et les Joncorils y remplissent à leurs côtés le rôle de démons tourmenteurs. GOUGENOT DES MOUSSEAUX, *La Magie au XIX*[e] *siècle*.

Autant qu'on puisse en juger par les confidences de Robespierre et de Judas, ou des Esprits qui se sont affublés de ces noms maudits, une villégiature en enfer n'est pas, à beaucoup près, une partie de plaisir, comme l'insinuent les invisibles d'Allan-Kardec et les pseudo-bons prêtres de M. Cahagnet.

Ce que les invisibles de la secte spirite nient effrontément, ceux qu'interrogent Gougenot des Mousseaux et ses amis, l'affirment sans broncher, après, toutefois, avoir essayé d'une négation.

Les uns disent : Il n'y a ni anges ni démons. Les autres ripostent : La preuve que les démons existent, c'est que nous en sommes.

Citons encore une page de monsieur Gougenot des Mousseaux.

« Comme depuis quelques instants, écrit-il, la table que nous interrogeons répond avec une vivacité croissante, et presque fiévreuse, nous lui demandons : « Es-tu le premier Esprit qui nous a répondu dès le principe ? en est-il survenu quelque autre ? — Oui, je suis un autre.... — Est-ce Aïku ? — Oui. — Comment se dit chêne en latin ? — *Quercus*. — Où étais-tu lorsque, tout à l'heure, l'Esprit qui se disait habitant de l'air répondait si lentement ? — *Infimo*. — Entends-tu par là les lieux inférieurs *(infimo loco)* ? — Oui. — L'enfer ? — Oui. — Souffres-tu ? — *Deux énormes coups* répondent : oui. — N'as-tu pas habité la terre ? Tu n'as pas été toujours Esprit ? — Toujours Esprit. — Es-tu l'Esprit qui faisait tourner la table il y a trois jours devant moi chez M. X... ? — Oui. — Tu mentais en t'appellant Rabba ? — Oui. — Si ta réponse à nos questions fut véridique, frappe deux coups; si tu as dit faux, trois coups? — Elle frappe trois coups. — L'aveu d'être menteur te coûte-t-il? — Oui. — Est-ce le pouvoir des prêtres qui te force à répondre? — Oui. — La lutte qui commence est-elle, à proprement parler, celle de l'Antéchrist? — Oui. »

« L'Esprit interrogé commence par nier l'éternité de l'enfer, la divinité de Jésus-Christ et sa qualité de Fils de Dieu.

« L'interrogatoire se poursuit dans une troisième séance. « Est-ce par évocation que tu viens, lui demande-t-on. Réponse : Oui. — Et d'où viens-tu? — De l'enfer. — Souffres-tu? — Avec un singulier caractère de lenteur : Oui. La table est levée sur ses deux pieds... » « Que signifie *Bétymmo*, que nous a dit l'Esprit à la dernière séance? — Lucifer. — Est-ce dans une langue des hommes? — Oui, hébraïque. — Lucifer est-il ton chef? — Oui. — Es-tu soumis au Christ? — Oui. — Que signifie Aïku? — Réponse : *Efomédeh*. — Tu mens? — Oui. — Aïku est-il le petit ou le grand Esprit? — Le grand. — Tu es éternel? — Non. — .... Le Christ est-il le Fils de Dieu? — Non. — Je t'ordonne de dire si effectivement tu le reconnais? — Oui. — Est-ce sincèrement? — Oui. — Es-tu forcé de l'avouer? — Oui. — Par puissance divine ou diabolique? — Divine. — Le Saint-Esprit est-il Dieu? — Oui. — Le Père, le Fils et le Saint-Esprit sont-ils trois? — Un. — Une des trois personne s'est-elle faite homme? — Oui. — Laquelle? — Le Fils. — Reconnais-tu sa présence réelle dans l'Eucharistie? — Oui. — Reconnais-tu l'éternité des peines de l'enfer? — Oui. — Tu as donc menti en disant que tu n'es pas éternel ? — Oui. — .... Tu as été condamné pour orgueil ? — Oui. — Par révolte contre Dieu ? — Oui (1). »

Les invisibles évoqués par M. Gougenot des Mousseaux et ses amis émettent des opinions diamétralement opposées à celles des Esprits dont Allan-Kardec et ses disciples invoquent l'autorité.

Les affirmations des uns — les spirites n'arriveront pas à nous prouver le contraire — valent celles des autres.

Nous demanderons donc aux écrivains de la secte de quel côté se trouve la vérité. — Diront-ils que les Esprits dont nous venons de reproduire les réponses se sont joués de ceux qui les interrogeaient ? En ce cas, nous leur retournerons l'argument et nous leur ferons observer que leurs guides spirituels, composés en partie, ils en font eux-mêmes l'aveu, d'Esprits de sac et de corde, si les Esprits pouvaient être pendus, ont voulu se gausser de leur crédulité.

Il est difficile de comprendre que des hommes dont les facultés intellectuelles n'ont pas irrémédiablement fait naufrage s'appuient sur les bavardages contradictoires des Esprits, pour échaffauder un système religieux qu'on dirait élaboré à Charenton.

La plupart des auteurs spirites nous disent que le Spiritisme a un caractère exclusivement philosophique.

On peut se demander alors à quoi riment les divagations d'Allan-Kardec et de ses Esprits sur Dieu,

(1) Gougenot des Mousseaux, *La Magie au XIX*e *siècle*.

sur les anges, sur l'enfer, sur l'état des âmes après la mort, etc.

On peut se demander surtout à quoi rime le recueil de prières qui forme la partie liturgique de la religion spirite, prières que le patriarche du Spiritisme divise lui-même en cinq catégories : 1° Prières générales ; 2° Prières pour soi-même; 3° Prières pour les vivants ; 4° Prières pour les morts ; 5° Prières spéciales pour les malades et les obsédés.

Dans le commentaire qu'il fait du *Pater*, Allan-Kardec se laisse aller, comme toujours, aux interprétations les plus fantaisistes.

« Donnez-nous, Seigneur, dit-il, la force de résis-
« ter aux suggestions des mauvais Esprits qui ten-
« teraient de nous détourner de la voie du bien en
« nous inspirant de mauvaises pensées. — Mais nous
« sommes nous-mêmes des Esprits imparfaits, *incar-*
« *nés en cette terre pour expier et nous améliorer.* »

Pour expier quoi ? puisque Dieu nous a créés sans péché, simples et ignorants. Nous croyons superflu de faire observer que l'auteur profite de l'occasion que lui offre la fin du *Notre Père*, pour nier une fois de plus l'existence de Satan et le rôle *que le vulgaire attribue à cet être fantastique.*

Les Esprits contre lesquels nous devons nous tenir en garde sont ceux qui s'étant, comme vous et moi, incarnés pour *expier et s'améliorer*, n'ont rien expié et ont trouvé moyen de devenir des coquins de la pire espèce, ce qu'ils n'ont pas cessé d'être en se désincarnant.

« Ces Esprits séducteurs s'efforcent de nous dé-
« tourner de la voie du bien, en nous suggérant de

« mauvaises pensées. » Mais « Dieu nous a donné un « guide principal et superieur dans notre ange gar-« dien, » — qui n'est pas un ange, mais un esprit désincarné quelconque — « et des guides secondaires « dans nos Esprits protecteurs et familiers ; mais c'est « une erreur de croire que nous avons *forcément* un « mauvais génie placé près de nous pour contre-« balancer les bonnes influences (1). »

Où donc ce rêveur d'Allan-Kardec a-t-il vu que, d'après les enseignements de l'Eglise, nous avons *forcément* un mauvais génie placé près de nous pour contre-balancer les bonnes influences ?

Prêter aux catholiques des doctrines qui ne sont pas les leurs pour se donner le plaisir de les réfuter, c'est le *b a ba* du métier pour tous ceux qui font profession d'anticatholicisme.

Niant l'existence des démons, les spirites devraient nier aussi les faits de possessions et d'obsession.

Eh bien, il paraît que nous pouvons être obsédés et possédés, mais par de mauvais Esprits qui, *créés simples et ignorants*, comme vous et moi, se sont pervertis pendant la période de leur incarnation, au lieu *d'expier et de se perfectionner*, et passent leur temps, une fois désincarnés, à molester les gens qu'ils voient d'un mauvais œil.

Le patriarche du Spiritisme a rédigé une formule de prière, d'exorcisme plutôt, pour débarrasser les possédés de leurs persécuteurs.

Tout se borne donc, pour les spirites, à remplacer un culte par un autre culte, un rituel par un autre

(1) *L'Evangile selon le Spiritisme* p. 393.

rituel ; à supprimer les démons et à mettre à leur place des Esprits qui ne valent pas mieux, mais dont le rôle est plus difficile à définir que celui des mauvais anges.

Nous sommes en présence d'une religion nouvelle, ou plutôt d'une religion renouvelée des Grecs et des Romains, que les disciples d'Allan-Kardec appellent religion des Esprits, et que nous appelons, nous, religion des démons, persuadés que les Esprits des ténèbres se font passer faussement, aux yeux de leurs adeptes, pour les âmes des morts.

Prier pour les morts, c'est faire un acte de foi et de charité, un acte de foi à l'immortalité de l'âme, à la justice et à la miséricorde de Dieu, un acte de charité envers ceux qui nous ont précédés dans la tombe.

Mais évoquer les morts, les consulter, les prendre pour conseillers et pour guides, baser nos croyances sur leurs révélations ou prétendues révélations, substituées par nous à la révélation divine dont le Christ a fait l'Eglise dépositaire, les prier, publier dans ce but une sorte de manuel liturgique, n'est-ce pas leur rendre un culte qui, pour les âmes simples, ne diffère pas ou diffère fort peu de celui que nous rendons à Dieu ?

« Qu'il ne se trouve personne, lisons-nous dans « le Deutéronome, qui use de maléfices, de sortilèges, « d'enchantements, *ou qui interroge les morts* pour « apprendre d'eux la vérité ; car le Seigneur a en « abomination toutes ces choses, et il exterminera « tous ces peuples à cause de ces sortes de crimes (1). »

(1) *Deutéronome*. XVIII. v. 9 à 13.

Vers la fin des temps, la magie, que ses partisans s'efforcent de confondre avec le magnétisme et le Spiritisme, se répandra de nouveau sur la terre et menacera la foi des élus eux-mêmes.

« L'affliction alors sera si grande, dit le Sauveur, « qu'il n'y en a point eu de pareille depuis le com- « mencement du monde jusqu'à présent, et qu'il n'y « en aura jamais. Et si ces jours n'avaient été « abrégés, nul homme n'aurait été sauvé. Mais ces « jours seront abrégés en faveur des élus. Alors si « quelqu'un vous dit : le Christ est ici ou il est là, « ne le croyez point ; car il s'élèvera de faux Christs « et de faux prophètes, qui feront de grands pro- « diges et des choses étonnantes jusqu'à séduire, s'il « était possible, les élus eux-mêmes (1). »

Ne trouvez-vous pas dans le Spiritisme quelques-uns des caractères que l'Apôtre signale comme devant être ceux des précurseurs de l'Antéchrist ?

Ajoutons que peu de gens se doutent de l'extension que la secte n'a cessé de prendre.

M. Bizouard écrivait, dès avant la mort du fondateur, arrivée le 31 mars 1869 : « M. Allan-Kardec, « le grand pontife du Spiritisme, et l'objet de la béate « et enthousiaste admiration des *membres* de son « Eglise, reçoit les communications de près de mille « centres spirites *sérieux*, disséminés sur les divers « points du globe ; voilà ce qui le guide et ce qui le « guidera. Voilà ce qui l'aide à saisir les principes « sur lesquels la concordance entre certaines diffi- « cultés s'établit. Il voit, heure par heure, la coïn-

(1) St MATTHIEU, ch. XXIV, v. 21 à 25.

« cidence qu'ont entre elles ces révélations, faites a « mots couverts. Elles ont passé souvent inaperçues, « mais un jour ou l'autre on en sentira la gravité. « De ce contrôle universel sortira l'unité du Spiri- « tisme, et l'anéantissement des doctrines contra- « dictoires (1). »

A l'époque où M. Bizouard publiait son livre, M. Piérart, un des chefs du Spiritisme, était à la tête des *spirites spiritualistes*, dont le nombre dépassait deux millions.

Les *spirites spiritualistes* ne croient pas au dogme de la réincarnation. Mais ils finiront par s'y rallier, sous l'influence des passions mauvaises, que ce mode d'expiation ne saurait inquiéter.

Le danger que fait courir à l'Eglise et à la société elle-même l'invasion du Spiritisme est plus grave qu'on ne le pense.

Aux prodiges qu'opèrent les Esprits et qu'il serait puéril de nier, vient se joindre l'ardeur avec laquelle les écrivains de la secte s'efforcent de nous démontrer, après Allan-Kardec, que chacun de nous est une émanation de l'Esprit universel et de la matière universelle, ces deux éléments généraux qui forment avec Dieu la Trinité spirite.

Que restera-t-il, à ceux qui adopteront ces théories, de l'enseignement chrétien? Rien, pas même une idée exacte de la Divinité.

Dans sa marche vers le paganisme — car nous avons une tendance à redevenir païens — notre

(1) Bizouard. *Rapports de l'homme avec le démon*. Vol. vi, pp. 567-568.

siècle suit la même voie que les descendants de Noé.

La pierre fut, dans le principe, un accessoire du culte. Elle servit à rappeler aux Hébreux le souvenir des apparitions dont la Divinité avait honoré les patriarches, et la promesse qui leur avait été faite d'un rédempteur.

« Sous la main de Jacob, écrit M. Gougenot des « Mousseaux, la pierre brute, la pierre Beth-el rece- « vait les onctions qui la transformaient en figure « positive du Messie (1). »

« Les Israélites, dit ailleurs le même écrivain, ne « purent s'y tromper et le disciple du pharisien « Gamaliel, saint Paul, le grand apôtre donne à sa « parole la précision la plus parfaite en nous rappe- « lant cette tradition : *la pierre*, dit-il, *c'était le* « *Christ* (2). »

Plus loin, le même auteur ajoute : « Jacob veut « conserver le souvenir de sa fameuse vision, c'est- « à-dire de l'échelle mystérieuse composée des trois « degrés de la Divinité dans laquelle il a reconnu « l'Homme-Dieu, médiateur entre son Père et les « enfants d'Abraham. Dans ce dessein, Jacob prend « la pierre qui avait été sous sa tête, et qui devait « figurer Celui qui est le *Pain de vie*. Sur cette « pierre, il offre *du vin*, et y *répandant de l'huile*, « il en fait un *oint* c'est-à-dire un Messie ; car *Messie* « en hébreux, et *Christ*, en grec, signifient celui *qui* « *est oint*, (voyez *la Genèse*, XXXV. 14, 15). Puis il

(1) *Dieu et les dieux*, p. 16.
(2) Ibid. p. 58.

« ajoute : Cette pierre que j'ai érigée en monument, « sera la maison de Dieu, ce qu'il exprime en lui « donnant le nom de Beth-el (1). »

L'ange, ou plutôt la seconde personne de la sainte Trinité apparaissant à Jacob en Mésopotamie, lui dit : « Je suis le Dieu Beth-el, ou maison de Dieu. »

Plus tard, le Christ confirmera de sa bouche l'exactitude de cette tradition en s'appliquant ce verset de David : « La pierre rejetée de ceux qui bâtissaient, « est devenue la pierre de l'angle. »

Nous lisons dans le Talmud que si l'arche sainte manquait dans le sanctuaire, il y avait à sa place une pierre contemporaine des premiers prophètes et qui suivait les Juifs dans toutes leurs migrations.

Les païens ne tardèrent pas à imiter l'exemple des Juifs et à consacrer à leurs dieux des pierres qu'ils oignaient soit d'huile soit de sang, sous le nom de Bétyles.

Plus tard, sous l'influence de l'immoralité qui les courbait sous son joug, ces peuples donnèrent à ces pierres la forme obscène des organes générateurs de l'homme et de la femme. Puis le phallus et le ctéis se transformèrent en statues de pierre et de bois, dans lesquelles on prétendit emprisonner au moyen de certaines onctions, les divinités qu'on voulait honorer.

« Toute pierre rend des oracles, disait Lucien, un « philosophe sceptique, tout autel prophétise, pourvu « que l'huile sainte l'ait arrosé !.... et pourvu qu'un « homme religieux se soit mis à leur service. »

(1) Ibid. p. 59. — Lire les *Lettres d'un rabbin converti* Drach n° 2 pages 194-195-196.

Les Pères de l'Eglise, Clément d'Alexandrie entre autres, s'expriment en termes presque identiques.

Nous retrouvons le culte de la pierre, sous des formes diverses, dans toutes les parties du monde alors connu, depuis l'extrême-Orient jusqu'au fond de la Bretagne.

Pendant de longs siècles, les oracles que rendaient ces dieux de pierre et de bois permirent au paganisme d'exercer sur les peuples un empire absolu. Et cet empire, que rien ne semblait devoir ébranler, tomba pièce à pièce, le jour où le Christ imposa silence aux dieux que l'homme avait forgés de ses mains.

Satan ne varie pas ses moyens. Il procède, depuis cinquante ans, comme il procéda après le déluge, lorsqu'il voulut entraîner les peuples dans l'idolâtrie.

La pierre et le bois sont les deux éléments dont il se servit en 1847 et dont il se sert encore aujourd'hui pour se mettre en rapport avec ceux qui croient évoquer les morts et n'évoquent que les démons.

C'est dans l'épaisseur des murs, dans la pierre, que les invisibles manifestèrent leur présence à la famille Fox, à Allan-Kardec et à une foule d'autres évocateurs. Ce ne fut que plus tard que les tables tournantes entrèrent en scène, et que les médiums, comme les pythonisses de l'antiquité, rendirent des oracles au nom des Esprits qui les prenaient pour truchements.

Le public ne vit là tout d'abord qu'un amusement, un jeu de société.

Les Esprits ne se froissèrent pas du rôle ridicule qu'on leur faisait jouer. Ils se prêtèrent avec une bonne grâce que rien ne lassait aux fantaisies des évocateurs. Mais les choses ne tardèrent pas à prendre une tournure plus sérieuse. On fut frappé de l'intelligence des invisibles que l'on interrogeait.

A cette question : Qui êtes-vous ? ils répondaient invariablement : Je suis l'âme d'un tel ou d'une telle. Dieu me permet de répondre à votre appel, afin que je puisse vous instruire des choses de l'au delà.

On sait de quelle nature étaient et sont encore les révélations de ces faux désincarnés.

Pleins de respect pour la personne du Christ et sa *mission divine*, ils battient successivement en brêche tous les enseignements qu'il nous a laissés, sous le fallacieux prétexte que ces enseignements sont l'œuvre du clergé, œuvre détestable dont le résultat a été d'adultérer la vérité religieuse.

Le ciel, l'enfer, le purgatoire, la divinité de Jésus-Christ, les sacrements, autant d'inventions imaginées par la caste sacerdotale pour terroriser le peuple et le dominer. — Dieu est juste sans doute, mais sa justice sommeille, seule sa miséricorde veille sur nous et passe l'éponge sur les méfaits et les crimes dont nous nous rendons coupables.

Nos imperfections nous empêchent de jouir, après la mort, d'un bonheur parfait, mais la situation n'est pas intenable même pour ceux qui ont été le fléau de la société. Ils peuvent se livrer, une fois arrivés dans le pays des ombres, à leurs goûts de prédilection, *car ils emportent avec eux leurs principales affections terrestres.*

D'ailleurs, ne sommes-nous pas des émanations du

grand Tout? Cela étant, peut-on admettre que Dieu se châtie lui-même en nous châtiant?

N'oubliez pas que la matière et l'Esprit forment avec la Divinité la Trinité universelle. Dieu crée, sans doute, mais il tire de la matière dont se compose en partie la Trinité spirite les éléments de notre corps, et du *principe intelligent de l'univers*, l'esprit qui est en nous.

De ces théories au retour des idoles, il n'y a qu'un pas. Le spirite rend un véritable culte à l'Esprit qui le conseille; il considère comme infailliblement vrais les avis qu'il en reçoit. Les oracles sont rétablis dans les conciliabules de la secte, en attendant qu'ils le soient au grand jour, et que chacun puisse interroger la pythonisse du lieu sur l'avenir.

TABLE DES MATIÈRES.

www.ingramcontent.com/pod-product-compliance
Ingram Content Group UK Ltd.
Pitfield, Milton Keynes, MK11 3LW, UK
UKHW020347250726
13967UKWH00005B/2162

9 782012 848788